JUSTICE ! JUSTICE !...

LETTRE

A Monsieur POUYER-QUERTIER

MINISTRE DES FINANCES

PAR

Emile LEFÈVRE

NÉGOCIANT EN LAINES
MEMBRE DU COMITÉ DE LA LIGUE PERMANENTE DE LA LIBERTÉ
INDUSTRIELLE ET COMMERCIALE DE PARIS.

A Fontainebleau, lors de la première abdication, Napoléon disait :
« J'ai péri, parce que je voulais
» m'opposer à l'esprit du siècle :
» il en sera bien d'autres qui mour-
» ront de la même mort. Ce ne sont
» pas les armées qui m'ont détrôné,
» ni les souverains alliés, ni les
» efforts extraordinaires de l'An-
» gleterre, mais les progrès des
» idées libérales ; si je les eusse
» adoptées il y a quatre ou cinq
» ans, j'aurais consolidé ma puis-
» sance à jamais. »
T. HOBHOUSE.
(Histoire des Cent-Jours).

SEDAN

1871.

A

Monsieur A. Thiers

CHEF DU POUVOIR EXÉCUTIF

DE LA

RÉPUBLIQUE FRANÇAISE.

Monsieur,

J'ose humblement adresser ce travail à l'homme vertueux qui, du haut de la tribune, prononçait, dans la séance du 20 juin dernier, ces paroles mémorables :

« Il n'y a pas de gouvernement auquel je ne sois prêt » a me soumettre s'il sert les intérêts de mon pays. »

Ces mots nous promettent, Monsieur, votre impartialité, lorsqu'il s'agira d'établir telle ou telle réforme fondamentale.

A propos de la discussion sur le *régime commercial de la France*, vous vous exprimiez ainsi, Monsieur, à la fin de votre discours à l'Assemblée nationale, le 27 juin 1851 :

« Jetez les yeux sur les zones tempérées, et voyez la petite
» place que nous occupons sur la surface du globe : il y a 15
» à 16 degrés de latitude, 45 de longitude. Toute l'Europe...
» tournez une mappemonde en vos mains... toute l'Europe
» n'est rien par rapport au reste du monde. Eh bien, qu'est-ce
» que Dieu lui avait donné ? Des chênes, des sapins, des patu-
» rages, à peine des céréales, du bétail fort en taille, médiocre
» en beauté, et au contraire il avait donné à la Chine la soie,
» à l'Inde le coton, au Thibet les plus belles races de mouton,
» à l'Arabie le cheval, à l'Amérique les métaux précieux et les
» bois les plus beaux, les plus admirables. En un mot, il avait
» tout prodigué à ces autres parties du monde. Mais en Europe,
» qu'y avait-il donc de supérieur ?... Une seule chose, l'homme !
» L'homme !... (vifs applaudissements.—Sensation prolongée).
» Tout était inférieur en Europe, excepté l'homme, parce que
» les contrées tempérées sont les plus propres au dévelop-
» pement de l'organisation humaine. Dans les pays froids,
» l'homme s'engourdit ; dans les pays chauds, il s'endort dans
» la mollesse. Là seulement l'homme pouvait être grand, fier,
» ambitieux. Aussi est-il allé tout prendre dans ces contrées
» si bien dotées sous le rapport matériel ; il a pris à la Chine
» la soie, à l'Inde le coton, au Thibet le mouton, à l'Arabie le
» cheval, à l'Amérique les métaux, les bois ; avec toutes ces
» choses, il a paré l'Europe, sa chère patrie ; il en a fait le
» théâtre de la civilisation ; et puis il en est reparti sur des
» machines puissantes pour aller conquérir et civiliser ces
» contrées lointaines où il n'était pas né, et auxquelles il avait
» tout ravi. »

Vous voudrez donc bien comprendre, Monsieur, que le profond respect que j'ai pour votre personne vénérable à tant de titres, ne me permet pas aujourd'hui de combattre votre système économique, car le projet de loi dont il s'agit ici, a peut-être reçu quelque approbation de vous.

Que votre bienveillante sollicitude, Monsieur, s'étende sur nos craintes, nos convictions profondes, nos réclamations ardentes.; de grâce, travaillez avec nous à développer l'activité de cet homme de l'Europe, de la France, dont, par une seule image, votre éloquence a donné une si haute idée.

La France est indispensable aujourd'hui au monde entier, mais le monde aussi est nécessaire à la France commerçante, à la France industrielle surtout.

Soyez ému de nos alarmes, Monsieur, et voyez notre patriotisme....

Permettez-moi de me dire,

Monsieur,

Votre très-humble

et très-dévoué serviteur,

Emile **LEFÈVRE**.

Sedan, 15 Juillet 1871.

LETTRE

A M. POUYER-QUERTIER

Ministre des Finances.

—o:⚙:o—

Monsieur le Ministre,

L'importance du coup porté à des théories économiques jugées très-saines et très-riches d'avenir (1), par votre projet de loi est telle, que le succès de l'emprunt, succès rassurant s'il en fut jamais, n'éteint pas l'ardeur que chacun met à vous pénétrer, à vous comprendre et à vous discuter.

Mes convictions puisées à l'école du grand Cobden, fortifiées par mes études, affermies par de nombreux voyages, m'ont toujours éloigné de vos théories, Monsieur, et instinctivement, j'ai deviné le malheur qui nous menace, nous du commerce et de l'industrie, le jour où vos mains impatientes ont recueilli le portefeuille des finances délabrées de notre pays si éprouvé. Je sais trop votre honnêteté et vos mérites pour avancer quoi que ce soit qui puisse y porter atteinte, mais je connais aussi parfaitement vos convictions et vos tendances économiques, pour les avoir souvent discutées et repoussées. C'est ce système que je veux combattre et combattre avec d'autant plus d'acharnement, qu'il fait école et qu'aujourd'hui vous paraissez plus puissant.

(1) Les économistes songent avant tout à la vulgarisation des grandes idées, parce le but à atteindre est l'intérêt des masses.

Je connais peu les noms que vos partisans peuvent écrire près du vôtre, Monsieur, tandis que je vois la science économique, la généreuse, briller d'un vif éclat avec tous ses grands et célèbres écrivains : Turgot, Adam Smith, J.-B. Say, B. Franklin, Bastiat et tant d'autres qu'il est inutile de citer mais qui vous diront, par ma plume, leurs convictions sur vos théories et leur jugement sur vos imprudences économiques.

Vous êtes devenu en France, Monsieur, le Grand-prêtre de la Protection, et... qui l'eut cru ? vous voici ministre. Vous croyez triompher peut-être, mais vous ne connaissez ni la force de nos convictions, ni l'acharnement que nous mettrons dans une lutte disproportionnée, aujourd'hui qu'usant peut-être des dernières ressources ministérielles, vous essaierez d'obtenir le *transeat* fatal, d'une Chambre plus ou moins convaincue, plus ou moins complaisante et que, d'accord avec le Chef du Pouvoir exécutif, vous ferez au besoin de cette question, une question de Cabinet.

Quand vous devriez réussir, Monsieur, nous lutterons comme si la victoire devait couronner nos efforts, car le succès n'est pour nous qu'œuvre de temps ! On n'arrête pas le courant d'un fleuve, on n'oppose rien à la marée montante, on n'a jamais songé à construire un mur en plein océan, on n'endiguera pas le progrès.

Je crois aborder franchement cette question, et si j'en fais un argument *ad hominem*, c'est que votre projet, Monsieur le Ministre, me semble être M. Pouyer-Quertier tout entier. S'il en est ainsi, ma tâche se simplifie singulièrement, car, d'accord avec vous sur les nécessités, je n'ai plus qu'à combattre un système des plus défectueux, incapable de nous donner même les résultats que vous entrevoyez.

Il est donc d'autres ministres des finances possibles en France, je le crois ; en tout cas, ce n'est pas la France avide de libertés commerciales qu'il faut plier sous le joug des restrictions ; elle ne se relèverait que plus meurtrie encore.

Si vous réussissiez, Monsieur, il se produirait un bouleversement tel que votre successeur passerait son règne éphémère à renverser les barrières, toutes les barrières que vous auriez relevées, pendant que nous pataugerions dans un gachis impossible d'impôts de toutes sortes, de revers imprévus et de désastres nationaux.

Où tendent les réformes opérées en France depuis 15 ans ? à une augmentation de relations commerciales (et amicales ne l'oublions jamais), du dehors au dedans et du dedans au dehors. Tous, tant que nous sommes, nous développons nos affaires dans ce sens. Vos douanes rétablies, Monsieur, c'est la course d'obstacles au lieu de la course plate : ici le fossé, là le mur, plus loin la rivière ou la banquette irlandaise et quelquefois, bien avant, la culbute, la défaite ou la mort. Ce que nous demandons, c'est la liberté par degrés successifs et raisonnés, c'est le travail fertilisateur, c'est la lutte courtoise entre grandes et petites nations armées d'intelligence, d'activité, de ressources et de bonne volonté. Interrogez-nous tous ensemble ou individuellement et jamais vous n'obtiendrez d'autre réponse, parce que notre but repose essentiellement sur la générosité ; il a pour point de départ.... le renoncement à l'égoïste intérêt personnel.

*
* *

N'avez-vous pas admis, Monsieur, que vous pouviez avoir tort en fin de compte ? Pourquoi alors vous montrer si confiant ? Ne confondons pas certitude avec crédulité. Je ne puis croire pourtant qu'un homme aussi capable que M. Pouyer-Quertier, puisse songer à causer tant de mal ; à quoi lui serviraient ses capacités ?

Il y avait un moyen si simple, si digne, si juste !...

Vous avez parcouru bien longtemps toute la gamme des impôts sans vous arrêter, Monsieur, à la note qui aurait fait vibrer tous les cœurs français : *l'impôt direct individuel.*

Vous avez la loi en main.... La loi commande à tous.... respect à la loi ! Il était donc bien facile d'expliquer à chaque français qu'il y allait de sa dignité, de son honneur, de son devoir de sauver la France, car, pour lui conserver son travail, le Gouvernement ne songeait pas à l'atteindre indirectement, c'est-à-dire dans ses moyens d'action, dans la production de ses ressources personnelles.

Français, (francs, franchises), nous ne demandons que de la sincérité en face des nécessités, c'est pourquoi, reconnaissant qu'un sacrifice personnel est indispensable, nous demandons qu'on nous l'impose personnellement.

*
* *

Vous vous flattez, Monsieur, de n'être pas exclusif et votre projet sue l'exclusivisme par tous les pores.

Vous ne voulez pas, par exemple, frapper la propriété foncière, parce que votre gouvernement veut s'appuyer sur la popularité des campagnes. Erreur ! chimère ! Le vent de la liberté a soufflé sur la France, et la bise gouvernementale ne ne fera plus onduler toutes nos têtes comme les blonds épis de nos champs.

Vous songez à ne pas frapper le revenu, le fer, la houille, c'est très bien, mais pourquoi, moi, marchand de laine ou filateur, suis-je plus coupable ou plus responsable des maux de la France qu'un métallurgiste, qu'un banquier, qu'un agent de change ?

Mais votre raisonnement, Monsieur, est une fiction !

Pour moi, je ne vois de coupables en France que les Français et non les commerçants. Si la maudite politique avait laissé faire le commerce (il était à l'œuvre), il eût bientôt rendu toute guerre impossible en mêlant les intérêts et les races, en confondant les nuances de langues et de mœurs ; des habitudes ne nous font-elles pas, aujourd'hui encore, passer aux yeux les uns des autres pour des bêtes curieuses !

Le commerce est le mariage des peuples, facilitez-le, ne l'empêchez pas.

Pourquoi, M. le Ministre, vous qui, des hauteurs que vous habitez, pouvez voir les causes de bien des événements, pourquoi n'avez-vous pas déjà contribué au succès d'une bonne loi qui obligerait chaque père de famille à faire instruire ses enfants ? Ne savez-vous donc pas que notre péché a été un péché d'immense ignorance ?

*
* *

Nous avons tous été coupables : vous, les fortes têtes de la France, parce que vous ne songiez qu'à redorer et à grossir vos breloques administratives ou parlementaires, au lieu de chercher des mesures qui feraient de nous des hommes ; nous, parce que nous n'avons pas eu l'intelligence de croire en nous-mêmes et de nous mettre en grève pour demander l'instruction à plein bord.

Les parvenus enrichis et ambitieux n'ont pas compris quel intérêt immense la France avait d'être à la tête des nations par l'instruction, quand elle tient la tête des peuples par la générosité et l'indépendance des idées. La force brutale aiguisée par la science l'a renversée ; elle n'a pu se relever. Nos grands diplomates, nos nobles parvenus ne s'en étaient jamais doutés, tant ils étaient occupés du prestige du nom, de la gloire acquise, de la dynastie d'un homme, parce que ce dernier en avait fait ses adorateurs salariés.

Un jour, les insensés ont crié aux quatre coins de notre pays aussi surpris qu'épouvanté :

— On outrage la France ! Nous laisserons-nous insulter quand nous pouvons châtier l'audacieux ?

Un ministre responsable (de quoi ? tout le monde l'ignore), un ministre de la guerre a ajouté :

— Nous ferions campagne six mois qu'il n'y aurait pas à acheter un bouton de guêtre !

On a tant répété l'injure que tous ont crié vengeance. Nous, ignorants du peuple, nous les souffre-douleurs, nous sommes devenus les complices de ces grands politiques et bientôt, sans pouvoir croire à notre propre terreur, nous avons vu ce pavillon impérial qu'on disait si bien amarré, jeté à la côte, sans voile, sans gouvernail, sans restauration possible... Qu'il y reste !

Voilà l'histoire abrégée des Français, Monsieur, à travers cette dernière année. Voilà pourquoi nous sommes tous coupables, vous hommes éclairés du gouvernement, nous électeurs ruraux.

Et ceux du régime passé, desquels, par une chance extraordinaire, vous ne faites pas partie, viennent nous jeter à la face d'avoir voulu la guerre. Mensonge encore ! Ils nous promettaient la paix, l'instruction à tous les degrés et des institutions sociales progressives, lors du plébicite.... Trois mois après, ils déclaraient la guerre et l'armée partait, selon eux, non pour la bataille mais pour la victoire !

LA FRANCE A DÉCLARÉ LA GUERRE !

O mon Dieu! c'est donc vrai, tout ce sang, c'est nous qui l'avons répandu !... ces incendies, c'est nous qui les avons allumés en attisant toutes ces haines!.. ces ruines, ces désastres, c'est nous qui les avons provoqués, causés, amoncelés !...

Ah ! nous étions bien ignorants, nous de la campagne, il y a un an, mais, en attendant l'instruction, nos instincts se développent et, instinctivement, nous devinons les hommes et leurs tendances aujourd'hui. Avant de nous prononcer, nous voulons voir au fond des choses. Notre vote rural vient bien de prouver que, quand on le voudra, les campagnes seront la France intelligente, parce qu'elles raisonnent sans passion. Nous venons donc d'envoyer cent républicains à la Chambre ; renvoyez toute l'Assemblée devant nos bureaux électoraux et nous vous renverrons six cents républicains. Mais vous n'oseriez tenter l'épreuve !

Sachez donc tout cela, Messieurs du Gouvernement, car vos lois sont des lois mort-nées si elles ne s'appuient pas sur les aspirations du pays.

*
* *

Il est temps de clore ce préambule.

Nous nous émancipons, allez-vous dire, Monsieur. Ne le pensez pas. Nous revenons simplement à notre dignité individuelle, au sentiment de nos devoirs que nous voulons enfin connaître et accomplir.

Notre premier devoir est de servir la Patrie, consciencieusement, généreusement, complètement. Si nous nous acquittons de nos obligations, on respectera nos droits, puisque, sans le devoir des autres, le droit de chacun est une chimère. Nous voulons être respectés.

Puisque nous avons tous été coupables, notre devoir est de contribuer, dans la limite de nos forces, au salut de la France...

Cela dit, nous demandons pourquoi un travailleur de la ville paierait une contribution que les ouvriers des champs n'acquitteraient pas?—Vous n'avez pas le droit de nous écarter de l'acte vertueux qui fait qu'un frère, comme tous ses frères et quel que soit son état de fortune, contribue à former la rançon de son père, de sa mère ou, ce qui est la même chose, de sa patrie.

* *

Quels sont donc les coupables à frapper?

Ce sont les idées fausses, les erreurs, les préjugés, l'orgueil, l'ignorance. Frappez toutes les têtes sans exception, car les têtes françaises ont seules engendré ce terrible conflit de passions.

Frappez chaque tête, mais, puisque vous êtes puissants, intelligents et bons, en frappant, guérissez : répandez la semence fertile et moralisatrice de l'instruction.

Frappez, mais guérissez ; c'est pourquoi vous ne devez appliquer au mal passager qu'un remède passager, à une crise que des mesures transitoires, autrement vous atteindriez la France dans ses forces productives. N'atteignez que les Français très-habiles à se tirer d'une position obérée, par une activité immense. Ne diminuez donc pas cette activité, augmentez là avec la force, la bonne volonté de chacun. Quand tous, nous aurons versé au trésor le dernier denier du seul impôt possible, *la contribution de guerre*, vous direz :

« Français, vous vous êtes réhabilités.

» L'impôt disparaît.

» Vous avez tous bien mérité de la Patrie reconnaissante ! »

Ce jour-là, Monsieur le Ministre, chaque coin de notre Patrie bien-aimée serait illuminée de la joie la plus pure et le Génie de la France rayonnerait de nouveau sur le monde charmé, parce que, ce jour-là, la France serait redevenue un grand pays et le peuple français le peuple par excellence. Nous saurions enfin quel bonheur l'homme trouve dans l'accomplissement de son devoir...

* *

Je ne suis pas ministre des finances, Monsieur, mais quelque humble que soit ma position de commerçant, je n'échangerais pas mon projet patriotique contre votre projet financier...

Vous allez voir pourquoi.

EXPOSÉ DES MOTIFS.

Vous appelez vos réformes des *économies réelles et sages*, M. le Ministre, et aussitôt vous levez sur nous la massue des *nouveaux impôts*, mots que les masses repoussent toujours car le bien-être ne croît pas toujours en raison directe des charges.

Songez au sort de vos économies *réelles et sages*, Monsieur, en écoutant ce qu'en disent aujourd'hui les Anglais, les Belges, les Hollandais et les Américains. Les Anglais déclarent que, pouvant contrarier vos réformes, ils ne le feront pas, quand même ils devraient en souffrir, parce que la France s'égarera tellement sous ce nouveau régime, que bientôt elle sera rappelée à la vérité par d'impérieuses nécessités (1).

S'il en advenait ainsi, comment nous sauverait-on une deuxième fois, puisque vous prétendez nous sauver ?

D'autres plus hardis vous accusent de mener la France à l'abîme. Le mot est dur, mais pour que vous ne l'accusiez pas d'être anonyme, Monsieur, je dirai que je suis du nombre de ceux qui pensent ainsi.

La multitude qui vous observe est tout aussi arrêtée dans ses jugements. — Question de sentiments ! pourrait-on répondre ! Mais pour qu'on ne songe pas à nous traiter en enfants, nous voulons dire sur quoi reposent nos raisonnements et nos convictions. (2)

---

(1) Nos traités traités nous lient
    avec l'Italie...................... jusqu'en 1873
     » la Suisse...................... jusqu'à fin 1874
     » la Suède, les Pays-Bas et l'Espagne jusqu'en 1875
     » l'Autriche et l'Allemagne............ jusqu'à fin 1876
Sera-t-il politique, prudent ou avantageux de refuser à l'Angleterre et à la Belgique envers lesquelles nous serons libres plus tôt des libertés accordées aux autres pays ?

(2) Toutes les citations en *italique* sont extraites du Projet de Loi.

*Après les cruelles épreuves par lesquelles est passée la propriété
foncière en France, après la concurrence redoutable qu'elle a
rencontrée dans la masse des valeurs mobilières de toutes sortes
et de toute qualité qui sont venues prendre place sur le marché
français, notre première pensée a été que nous ne devions rien
demander à la propriété foncière et que, par conséquent, elle devait être affranchie de toutes les taxes directes qui lui auraient
été réclamées à d'autres époques, pour les frais de la guerre.*

Dès le point de départ, M. le Ministre ,vous oubliez le sous-
titre de votre projet :

    1° Rectifier les voies et moyens du budget de l'exercice
       1871, etc.

    2° Etablir des augmentations d'impôts nouveaux pour
       *faire face aux obligations résultant des charges de
       guerre, etc, etc.*

Ne perdons pas de vue ces mots : *déficit* et *charges de guerre*; les nouveaux impôts ne sont excusables qu'à ce titre. Ayons
toujours devant les yeux l'abîme à combler; quand le danger
sera passé, nous songerons à nos rêves d'économistes.

Or, c'est M. le ministre des finances qui a écrit les lignes
ci-dessus et c'est M. Pouyer-Quertier qui les a pensées, parce
que le ministre des finances ne peut songer qu'à rétablir un
équilibre rompu, tandis que M. Pouyer-Quertier a toujours
rêvé d'introniser en France un système économique basé sur
la protection.

La propriété foncière a subi en France des épreuves cruelles
pendant la guerre. Je vous prie humblement, M. le Ministre,
de vouloir bien apprécier les pertes de l'industrie et du commerce dans le même temps (1). Ce que la propriété foncière a
perdu, on le lui rendra en partie et ce sera justice, car les
départements non envahis doivent prendre leur part de nos
désastres, mais on ne remboursera que les pertes matérielles,
visibles, appréciables ou vraisemblables... ce sera déjà quelque
chose. Quel commerçant ira confier à son voisin les diffé-
rences amenées dans sa fortune par un long chômage, par la
baisse considérable des produits, par la rareté de l'argent et
par le manque de confiance? Aucun. Le commerçant, qui ne
peut enligner ses pertes comme le cultivateur des sacs de fro-
ment ou d'avoine, ses voitures de paille ou de foin, ses vaches
ou ses chevaux, le commerçant se dit: « Je souffrirai en silence,
» j'économiserai sur le superflu pendant dix ans et mes fils
» dont je me rapprocherai ainsi, n'en seront que mieux
» élevés. »

(1) Pourquoi exempter la propriété parce qu'elle a souffert, et imposer l'industrie
quoiqu'elle ait souffert; n'est-ce pas avoir deux poids et deux mesures ? — Journal
le Temps (5 juillet 1871).

Voilà une comparaison. Ne fait-elle pas comprendre combien il est indispensable à un gouvernement de rester impartial entre les intérêts de ses administrés?

* *

Pourquoi, M. le Ministre. nous présenter comme des considérations valables, les *valeurs mobilières de toutes sortes* et de *toute qualité* (1).

Cette appréciation est systématique ni plus ni moins, parce que, si l'on faisait un état des propriétés mobilières existant en France, nous savons qu'on trouverait le plus grand nombre des titres.... entre les mains des propriétaires fonciers.

Or, nous voici réduits à plaindre ces propriétaires du tort qu'ils se sont fait à eux-mêmes, parce qu'ils ne croyaient pas à la terre ou qu'ils n'y croyaient que relativement. Ils se sont jetés sur les valeurs de *toutes sortes et de toute qualité* au lieu d'améliorer le sol, et ils se plaignent de l'appauvrissement de la terre... encore trop généreuse, si l'on considère le peu de soin, qu'on lui donne en France, en général.

Et voilà pourquoi les propriétaires fonciers seraient *affranchis de toutes les taxes directes qui leur auraient été réclamées à d'autres époques, pour les frais de la guerre.*

Voilà bien la consécration d'une des plus grandes erreurs et partant d'une des plus criantes injustices !

Les propriétaires fonciers savent ce que le sol rapporte, et ils ont cherché des valeurs de *toutes sortes et de toute qualité,* parce qu'ils ont voulu des bénéfices faciles; s'ils se sont trompés, s'ils ont encouragé certaines spéculations, c'est leur affaire et ils doivent subir les conséquences de leur inhabileté. Le Commerce et l'Industrie ne doivent certainement pas aujourd'hui soulager les propriétaires fonciers de leur responsabilité quand il s'agit d'une *contribution de guerre.*

Et la preuve que ces propriétaires intéressants n'ont pas le droit de se plaindre, c'est que, d'une part, guidés par leur intelligence et la science, ils ont toujours pu tirer du sol un revenu suffisant, et que, d'une autre, nous avons toujours vu les commerçants et les industriels enrichis demander à des placements fonciers la consolidation de leur fortune.

On sait ce qu'un travail incessant peut donner d'activité au capital; on n'ignore donc pas que le taux de l'intérêt foncier a une raison d'être ce qu'il est, puisque tous les calculs possibles établissent qu'il est matériellement impossible qu'il en soit autrement.

Le capital foncier n'est qu'un capital et partant il n'a droit

(1) Je respecte l'orthographe, quoique de *toute qualité,* au singulier, ne me paraît pas signifier de *toutes les qualités.*

qu'à une rente; le produit de la terre, le bénéfice, c'est le fruit du travail et il revient de droit au travailleur seul.

Il ne faut donc pas assimiler le capital-foncier au capital industriel ou commercial, pas plus qu'il ne faudrait confondre le propriétaire d'une usine avec l'industriel qui en tire parti par son travail. Est-ce à dire que le propriétaire de l'immeuble ait droit aux bénéfices de l'industriel ?

* *

Le propriétaire foncier reste tel parce qu'il le veut bien. Cet intéressant personnage reste inactif ou bien il est incapable; pourquoi, dans le premier cas, prétendrait-il aux profits du travailleur, et dans le second, aux bénéfices rémunérateurs de l'intelligence ?

Pourquoi donc songez-vous, M. le Ministre, à épargner ce richard, quand vous frappez si cruellement l'industriel travailleur et le commerçant actif ?

La propriété territoriale est l'instrument par excellence, qui contribue le plus à l'alimentation du pays. Or, notre conviction profonde est que tout ce qui peut augmenter le prix de revient de la vie, doit être impitoyablement écarté de l'ensemble des mesures auxquelles nous devons recourir, etc., etc.

Les premiers mots semblent si vrais, si vrais, si vrais, que je n'ose m'y arrêter, mais il n'est pas juste de dire qu'on ne peut augmenter le prix de la vie si l'on ne porte pas atteinte au travail. Tous les jours le prix de la vie augmente et l'on ne peut établir l'équilibre, dans les petits budgets, que par l'augmentation des salaires, augmentation complétement subordonnée à l'activité des affaires.

Il faut que vous soyez de cet avis aussi, M. le Ministre, puisque vous frappez bien des choses qui augmenteront sensiblement le prix de la vie.

Avant de discuter votre proposition, Monsieur, il faudrait d'abord définir le mot propriété territoriale et admettre que nous ne pouvons avoir de déficit dans nos récoltes, car, dans ce cas, la marine que vous n'épargnez pas, nous aide considérablement à réduire le prix de revient de la vie. Il n'en sera plus ainsi, grâce à vos taxes sur les pavillons abordant en France, puisque les importateurs seront appelés ailleurs par des intérêts plus en rapport avec les frets d'autant plus réduits que la concurrence est plus grande. Mais je laisse cette question aux intéressés qui sauront aussi défendre l'avenir maritime de la France ;

L'excellente lettre de M. Quesnel, du Havre, publiée par les journaux du 12 juillet courant est d'un bon augure.

La propriété territoriale n'existe donc pas seulement en France et, quand on parle des richesses de notre sol, il faut encore faire la part de sa pauvreté relative et des emprunts considérables que nous sommes obligés de faire à la propriété territoriale étrangère ou exotique. Voilà mises en concurrence, les propriétés du dedans et celles du dehors et cette concurrence est telle qu'on peut l'arrêter mais pas l'annihiler.

*
* *

Quant au prix de revient de la vie, j'ajouterai qu'il importe peu à un travailleur, père de famille, de vous payer une contribution de guerre *passagère* en définitive, mais dont son patriotisme ne peut le dispenser... si vous lui laissez ses ressources en n'attentant pas à son travail. Je vis au milieu d'une population ouvrière considérable ; je puis vous affirmer que ce que j'avance est l'expression de la vérité, car ces gens-là auraient toutes les qualités si les sociétés plus justes leur donnaient l'instruction.

Or, votre raisonnement, M. le Ministre, établit ces points :

1° Il faut épargner l'ouvrier des champs qui, atteint, augmenterait le prix de la vie ;

2° Il faut frapper l'ouvrier des manufactures parce que l'industrie, *alma mater*, modifiera en conséquence ses prix de revient.

C'est plus facile à dire qu'à faire.

Pour démontrer que cela est possible, il faudrait auparavant établir que *l'intérêt du consommateur* s'accommodera de ce biais.

On ne peut demander à une mesure restrictive d'être libérale.

C'est en suivant ces principes que nous ne voulons, en quoi que ce soit, grever de charges plus lourdes le sol et les denrées alimentaires de premières nécessités, nous réservant de donner, sur d'autres produits, les compensations aux charges indirectes que les productions agricoles auront à supporter dans cette immense dette que la France a pour mission de payer après les désastres, les déplorables fautes et les ruineuses erreurs dont le gouvernement impérial nous lègue la réparation.

Plus je pénètre au cœur de votre travail, M. le Ministre, plus je sens la tristesse me gagner et le découragement m'envahir. Dans l'arbitraire, pas de limite !...

Vous ne voulez pas atteindre ceux qui vivent des revenus ou des bénéfices produits par le sol ! Pourquoi ? Est-ce, par hasard, parce que le sol ne vous donne pas ce qu'il peut rendre ? Alors, il faut faire une exception en faveur des industriels inhabiles, car on ne peut arguer des ressources insuffisantes offertes aux agriculteurs en général quand on voit comment certains cultivateurs laborieux et instruits ont réussi même en France...

La terre est une usine à laquelle vous livrez des matières premières pour en retirer des produits utiles ; l'agriculteur n'est autre chose qu'un industriel que vous avez conservé à la tête de ses affaires quand la loi aurait dû l'avertir de ceci :

Il ne doit pas rester ignorant;

Il doit tenir les livres de sa fabrication et de son commerce;

Il doit faire ses inventaires, etc.

Comment ! voilà un homme sérieux qui tous les jours a besoin d'être vétérinaire, et il ne fait pas d'études ! il faut qu'il s'occupe d'engrais animaux ou chimiques et la chimie et l'histoire naturelle sont lettre morte pour lui ! il se sert d'instruments aratoires et il ignore les premiers principes de la mécanique ! il dirige des ouvriers et ne sait pas que le temps dépensé en soins, en améliorations est de l'argent ! Jamais le cultivateur ne fait de prix de revient; il raisonne ses assolements comme le faisait son arrière-grand-père ; constatons qu'il demeure souvent dans le même réduit, qu'il a la même physionomie, qu'il vit sobrement, petitement et que, pour le malheur de la France, il continue à élever ses enfants à peu près comme il a été élevé lui-même.

Est-ce là un homme, un électeur, un citoyen utile ? Non, mais, pour son excuse, nous devons dire que la grande nation est plus coupable que lui, car elle ne l'a pas forcé à s'instruire; elle l'a laissé s'amoindrir par l'ignorance. Rendez-le à lui-même, M. le Ministre, armez-le de l'instruction, et, dans quelques années, vous verrez que l'activité et la joie auront rempli ces usines si tristes, si délaissées.

Pourquoi la France agricole demande-t-elle d'autre protection que celle-là ? Vos comices qui ne font que du sentiment et non du raisonnement, puisqu'aucun n'a pu dire justement à quoi l'on pouvait attribuer la baisse de la laine, vos comices nous fixeraient-ils à cet égard? Il ne faut pas l'espérer car toutes leurs consultations ont roulé sur un point : savoir si les membres devaient demander un droit (sur l'entrée des laines) de 20 ou de 50 pour cent. En famille, on a coupé la paille à 20, à 25, 30 ou 35 p. %, suivant que certains orateurs ont été plus influents. Voilà de la science !

C'est pourquoi je dis que vos comices agricoles ne suffisent pas pour donner l'élan aux cultivateurs ; il faut que l'instruction, assise sur de larges bases, vienne, avec l'initiative individuelle, fertiliser cette branche admirable de l'activité humaine : l'agriculture.

On s'étonne de voir apparaître à la fin de cet alinéa le souvenir du gouvernement impérial.

Est-ce un moyen à vous, M. le Ministre, de combattre les libertés commerciales, faisceau de mesures grandioses qui ont donné à la France commerçante et industrielle, plus d'éclat que votre loi ne lui en procurera jamais, car cette loi est un danger… Elle tend à nous faire rétrograder ?

Le gouvernement impérial a été rejeté par la France, mais il appartient à l'histoire et l'histoire veut être impartiale.

Ne jouez donc pas de ce spectre, Monsieur, comme Napoléon III jouait du spectre rouge ou comme il jonglait avec les points noirs de l'horizon. Laissons dans le silence, dans la mort, ceux que nous ne redoutons plus. N'en parlons point surtout, quand, en en parlant, nous cesserions de demeurer impartiaux.

Ne soyons pas exclusifs ; gardons-nous de faire remonter à un homme seul les fautes d'une nation tout entière, bien plus, les fautes de plusieurs générations.

Quand on pose un principe, Monsieur le Ministre, il semble, qu'en bonne justice, il faille y rester fidèle. Or, votre projet étant considéré sous le rapport des infiniments petits, voici ce qui a trait à un article auquel je ne songeais guère en commençant la lecture de votre projet : *la chicorée.*

La chicorée ne s'emploie pas isolément : elle est toujours consommée par mélange avec le café. Or, le café étant imposé, il est naturel que la chicorée le soit également, etc. Du reste, en fabrique, la chicorée est d'un prix tellement modique, que l'addition de cette taxe ne préjudiciera pas sensiblement à la consommation.

Si ce dernier mot a besoin d'être affirmé, je ne puis y croire ; le fabricant de chicorée ou le cultivateur consultés pourraient répondre affirmativement ou négativement, avec plus de chance d'être dans le vrai, mais on ne les consultera pas, puisqu'il est naturel d'imposer la chicorée !

Quant à ce petit chef-d'œuvre, imperceptible point du projet (la chicorée), je demande, pour en faire ressortir la justice, à établir un parallèle entre le cultivateur et l'industriel. Supposons donc que, plus haut ou plus bas, on lise dans votre travail, M. le Ministre :

« Le cultivateur ne produit pas isolément les revenus, il est
» toujours frappé en même temps que l'industriel ; or, l'indus-
» triel étant imposé, il est naturel que le cultivateur le soit
» également. »

Vous le dites et vous le niez, M. le Ministre, puisque ce que vous avancez pour la chicorée, vous le retirez pour l'agriculteur.

Dois-je l'avancer ? Tout le projet de loi me semble aussi logique ou aussi illogique que ce qui précède. Mon aveu n'est peut-être pas des plus flatteurs, M. le Ministre, mais si vous saviez qu'il est sincère ! Pardonnez aux ruraux un peu de cette brusque franchise ; le jour où vos projets nous sembleront justes nous ne vous l'enverrons pas dire, nous nous acquitterons nous-mêmes de cette tâche mille fois plus agréable.

Donc, certains auraient dit, pensant simplement à *l'intérêt du consommateur* qui fait le bénéfice du producteur, des transporteurs, des intermédiaires, des détaillants et du trésor :

—« Le café étant déjà imposé, de même que le sucre et l'al-
» cool, il est *naturel* que la chicorée ne le soit pas.»

Mais ceux-là auraient eu tort, de par votre principe qu'il ne faudra jamais oublier, si vous voulez rester conséquent avec vous-même, M. le Ministre, principe que je résume ainsi :

Le café étant imposé, il est naturel que la chicorée le soit aussi.

Pour mon compte, j'aurais préféré voir doubler le petit verre de *fine champagne* (je n'en bois pas !) mais je ne puis que vous remercier, M. le Ministre, de n'avoir pas songé à imposer la cuiller et la tasse; quand les grandes craquent, il faut bien se rattraper aux petites branches.... de consolation.

En vertu de votre principe, M. le Ministre, vous vous hâtez d'écrire :

Nous n'acceptons point d'avantage que les deux principaux agents de la production après le sol soient frappés de taxes nounouvelles. Nous ne modifierons en rien la situation dans laquelle se trouvent les industries du fer et de la houille. Ces deux matières sont le nerf de toute industrie et de toute agriculture perfectionnée, etc., etc. (1)

(1) Un cultiavteur à qui j'ai demandé son sentiment à cet égard (je n'aurais osé consulter son raisonnement ; le Ministre de l'Instruction publique sait pourquoi) m'a répondu :
C'est bien aimable de la part d'un Ministre ça, mais il entre plus de minerai de travail dans mon affaire que de minerai de fer.

C'est très-bien, parfaitement bien, pour le fer et la houille, mais pourquoi épargner les riches maîtres de forge qui jouaient si bien avec l'équivalent et l'identique, les riches extracteurs de minerai, les riches propriétaires de houillères, les riches ferronniers et les riches marchands de fer?

Supposons que vous soyez chargé, M. le Ministre, de présenter à la France convalescente, après ses rudes épreuves, quelques-uns de ses enfants, vous introduiriez :

Un riche propriétaire foncier,
Un imposant banquier,
Un agent de change millionnaire,
Un cultivateur qui a du foin dans ses bottes,
Un maître de forge (on a toujours dit riche comme un maître de forge),
Un fabricant important de feronnerie,
Un actionnaire enrichi dans les houillères,
Un concessionnaire de mine du bassin de Longwy,
Puis, un humble filateur de Reims.

Naturellement, un avocat de renom prendrait la parole pour témoigner du dévouement de chacun envers la mère-patrie et de l'avenir des ressources générales par l'état satisfaisant, en somme, de la fortune de chacun.

— Mes chers enfants, tout cela est fort attendrissant, dirait la malade, mais, puisque vous êtes des frères, pourquoi un seul parmi vous n'a-t-il rien dit? Il passe, entre vous, pour le plus humble et les lois que vous faites sans le consulter, bien entendu, ne frappent que lui lorsqu'il s'agit de payer ma rançon ; celui-là, c'est le filateur.

O justice !

Un homme, honteux de son bonheur que rien n'explique, prête un instant l'oreille au bruit de cette conversation et s'esquive au plus vite....

Cet homme, ce criminel, je le dénonce à la justice française, c'est le rentier !

Pourquoi songez-vous, M. le Ministre, à ne pas imposer le revenu ?

N'est-il pas raisonnable et digne de frapper celui qui possède, quand vous songez à frapper si complétement celui qui ne possède... que par son travail.

Quelle somme paie au trésor l'encombrant rentier, pour avoir droit à tous les avantages de nos institutions et de notre civilisation ? C'est un parasite sur notre société ; le pauvre, l'ouvrier, le bourgeois, le commerçant, l'industriel ont le droit de murmurer parce que cet homme profite de tous les avantages imaginables créés seulement par les ressources que produit le travail.

Dans une ville de 14,000 habitants, que je connais parfaitement, les revenus municipaux sont de 187 mille francs, dont 90 résultent du rôle des patentes, impôt qu'il faut payer avant jouissance complète du droit à acquérir. Tandis que le rentier n'a qu'à se laisser vivre, le travailleur doit acheter son droit à l'eau, à l'air, à la lumière, à la vie, en un mot.

Je n'ose insister sur cette question qui, si l'on ne la tranche pas loyalement, amènera des orages dans votre beau ciel bleu, M. le Ministre, quand même tout ce que vous demandez vous serait accordé.

Donc, tandis que certains commerçants se verront dans l'impossibilité de continuer leurs opérations, s'ils ne passent sous les fourches caudines du fisc, le capitaliste continuera à vivre de sa vie paresseuse et facile.

Et pourtant, M. le Ministre, un bon impôt sur les coupons de rente ou sur certains dividendes, calmerait peut-être la fiévreuse ardeur qu'ont mise certains rentiers à rechercher les *valeurs de toutes sortes et de toute qualité* dont la France est inondée... à votre profonde tristesse. Cet impôt raisonné et raisonnable, n'atteindrait qu'une faible portion du revenu. Heureux encore ceux qui auraient de grosses contributions à acquitter. Ne seraient-ils pas à plaindre ?

*
* *

Vous connaissez l'Angleterre, M. le Ministre, et bien, si vous connaissez l'Angleterre, vous avez certainement remarqué avec quelle facilité l'*income tax* est appliquée. On ne se douterait pas de son existence tant elle fonctionne facilement. Cette simplicité, cette prudence, cette discrétion, cette dignité font l'éloge de ce grand peuple.

Pourquoi n'avez-vous pas songé à établir en France de ces Inspecteurs-Gentlemen qui savent si bien recueillir les déclarations, palper la vérité et former l'impôt le plus rationnel qui existe ? Est-ce donc à dire, M. le Ministre, que nous irons jusqu'à la dernière ligne de votre travail, sans nous trouver devant une idée nouvelle !...

Que chacun paie suivant ses moyens, quoi de plus rationnel ?

Ceux qui, pour une raison ou pour une autre, se disent opposés à cette mesure, songent immédiatement aux *fausses déclarations*. On ne peut que leur conseiller de n'en pas produire pour leur propre compte. Chacun les imitera, et la loi ne peut être tendre envers ceux qui cherchent à se soustraire à un devoir. *Dura lex, sed lex.*

D'autres songent que leur position sociale pourrait être amoindrie ou déconsidérée, si l'on apprenait que tout ce qui luit chez eux, autour d'eux, sur eux n'est pas or. Ceux-là rentrent dans la catégorie des insensés et l'on ne doit pas tenir compte d'une protestation qui n'a de sérieux que le clinquant. A tous les étages de la société, ne voit-on pas des gens occupés à manger leur blé en herbe? Si ces idiots préfèrent encore payer l'*income tax* sur ce qu'ils ne possèdent pas, c'est un luxe comme un autre et le luxe est la chose imposable par essence.

*
* *

Puisque vous avez été en Angleterre, M. le Ministre, avez-vous remarqué l'effet moral produit par l'impôt sur le luxe?

Les déshérités de la fortune cessent de murmurer en voyant le faste de certains richards anglais quand ils se disent que si l'on donne gratuitement l'instruction à leurs enfants, c'est que la loi frappe :

Les voitures de luxe, dans le nombre des roues et des armoiries ; les chevaux de luxe, le cocher et les laquais, la livrée de ceux-ci, la perruque de ceux-là ; rien n'est oublié, ni le chapeau à aigrette de tous, ni la canne longue dont se servent les valets de pied pour aider les nobles imposés à descendre de leur véhicule.

Tout ce qui est luxe paie ; tous sont égaux devant la loi. Quoi de plus juste ?

*
* *

Que vous vous livriez à des préoccupations bien dignes d'un ministre des finances, Monsieur, au sujet des cartes à jouer, des billards, du tabac, de l'absinthe, des chiens de luxe, de la chasse (plaisir essentiellement aristocratique), des breloques, des faux chignons, etc., etc., chacun le trouve excellent, parce que je puis m'offrir ou me refuser ces accessoires de la vie et que personne n'est forcé de se livrer aux distractions cynégitiques, aux paris du turf, pas plus qu'aux émotions du trente et quarante, mais que vous imposiez un homme, dix hommes en exceptant leur voisin, c'est autre chose !

Certains impôts indirects ne seront jamais trop considérables, puisque l'on pourrait, par exemple, ruiner l'industrie de l'absinthe sans ébranler la fortune de qui que ce soit. On peut être un excellent père de famille et ne pas chasser, fumer, jouer ou s'abrutir par la boisson.

Imitons les Anglais et si nous vantons leurs impôts douaniers, ayons au moins la loyauté d'examiner la nature et la quantité des produits soumis.à ces taxes (1).

Je ne citerai pas de chiffres, M. le Ministre, parce que je me suis assez occupé de statistique pour savoir que rien n'est plus vrai et que rien n'est plus faux qu'un chiffre.

*
* *

Les citations imparfaites ou incomplètes ne prouvent absolument rien.

Vous avez bien voulu, M. le Ministre, nous donner l'Amérique comme un modèle à imiter, mais vous ne nous dites pas quelle perturbation a amenée chez elle son système prohibitif, nécessité justifiée par des épreuves qui avaient bouleversé profondément ses finances, mais nécessités devant lesquelles ce grand pays reculerait aujourd'hui car il se remet difficilement du remède appliqué à son mal.

Il appartient à un grand ministre de voir complètement les choses pour asseoir ses jugements et ne pas s'exposer à entraîner son pays dans des désastres, en se trompant.

Il ne s'agit pas aujourd'hui de faire triompher tel ou tel système, mais de sauver la France !

Ces augmentations de divers impôts indirects peuvent nous aider, dans un temps donné, à amoindrir les charges publiques, c'est pourquoi il est bon de les faire fonctionner, mais gardons-nous de les confondre, à cause de leur avenir, avec les néces-

---

(1) DOUANES ANGLAISES.

Droits perçus, en Angleterre, en 1870.

Sucres et mélasses	L. st.	5,396,561	fr.	134,914,025
Thé		2,643,296		66,082,400
Café		347,755		8,693,875
Spiritueux		4,194,400		104,785,000
Vin		1,476,404		36,910,100
Tabac		6,608,746		165,217,900
Importations diverses		570,712		14,267,800
Recettes diverses		110,582		2,764,550
	L. st.	21,345,426	fr.	533,635,650

(Il faudrait ajouter à ce total une somme de fr. 2,610,425 pour les droits sur les céréales, droits aujourd'hui supprimés),

Ces droits sont surtout des droits de consommation, et la vérité m'oblige à faire remarquer que chez nous, il faudrait ajouter, au produit actuel des douanes, produits que l'on dit si inférieurs à ceux des douanes anglaises, les taxes dites *intérieures*. On verrait alors que les totaux se rapprochent, car les omisssions roulent sur des chiffres comme ceux-ci :

Droits intérieurs perçus sur le sucre indigène	60 millions.
Produit du tabac	250 millions.
Droit sur le vin	mémoire.

sités impérieuses du moment, nécessités que nous devons saisir à bras le corps, afin de les vaincre et de les terrasser.

L'impôt direct individuel ne trouble en aucune façon le monde des affaires, pas plus que le monde des hommes ; il peut, jusqu'à un certain point, vous aider à rendre la dignité à des citoyens trop oublieux de leurs devoirs.

Cet impôt peut seul nous sauver ; il ne trouble aucun progrès, il est facile, il est prompt, il est digne.

Observation digne de remarque ! Aucun ministre n'a osé mettre en avant une pareille idée. Dans notre gouvernement démocratique, un de nos grands fondés de pouvoir, aurait-il donc craint de se dépopulariser par une semblable proposition ?

Supposons que quelque ministre nous ait dit :

— « Vous voulez avoir l'honneur et le bonheur de vous gou-
» verner tous pour tous... Ayez d'abord la dignité de dégager
» votre honneur et de vous rendre à vous-mêmes en chassant
» de votre territoire des vainqueurs que vous ne pouvez
» encore considérer comme des amis. »

En croyant à la générosité de chaque français, cet homme eut montré qu'il avait foi en notre dignité individuelle, puisqu'il confiait à chacun de nous la délivrance du pays.

Donc, au lieu de songer à résoudre ce problème grandiose, en faisant tomber, une à une, toutes les impossibilités, M. le Ministre, vous avez formé, maille à maille, ce grand filet fiscal qui, si une main est assez puissante et assez téméraire pour en couvrir la France, va simplement emprisonner les forces productives de notre pays.

En diminuant notre activité, à laquelle nous voudrions être rendus plus complétement que jamais, vous amoindrissez, Monsieur, vos ressources budgétaires.

Après nos défaites, nos divisions, chacun de nous constate que chaque français a dégénéré ; le mot est aussi dur que juste, et bien, *l'impôt direct individuel* largement voté, consciencieusement appliqué et patriotiquement accepté nous rendrait en bonne partie la force morale que nous avons perdue.

Je me garde bien, M. le Ministre, de relever, point à point, tous nos sujets de plainte ; j'ai adressé à M. le ministre du Commerce, à M. le Président de la Commission du budget, et à des Députés qui veulent bien se charger de défendre nos affaires et celles de la France, une petite brochure qui expose le danger dont la branche du commerce à laquelle j'appartiens est menacée. Ici, je reste sur un terrain commun ; c'est pourquoi je me flatte d'être impartial.

Vous frappez le commerce toujours et partout, Monsieur : dans ses baux et patentes, dans l'assurance sur la vie (opération d'une moralité incontestable, qu'il aurait fallu encourager quand déjà elle est si lourde) ; à propos de papier, de factures, de reçus, de lettres de voiture, *sans compter les matières premières*. Il n'est pas jusqu'à notre correspondance que vous n'attaquiez ! Au lieu d'améliorer ce revenu en augmentant considérablement le nombre des *lettres* et *échantillons*, c'est-à-dire en réduisant, de moitié encore, le coût de l'affranchissement, comme en Angleterre, en Belgique, en Allemagne, vous augmentez la valeur du timbre ! Mais vous êtes commerçant, Monsieur, ne descendez-vous donc pas dans ces détails ? Quant à la question de justice encore, n'est-ce pas le commerçant et l'industriel qui écrivent ? La culture, le revenu jettent peu de lettres à la boîte. La statistique des postes est là.

Bref, sur aucun point nous ne sommes épargnés.

*
* *

Vous avez écrit, dans votre Projet, M. le Ministre, ces mots qui me brûlent les yeux :

Dans cet ordre de produits, il n'en est pas de plus élastique, de plus facile à relever, de plus universellement accepté que le revenu des douanes.

Je suis désolé de ne pas partager cette opinion, car l'expérience nous démontre que c'est en vain que l'on promet de *relever* certains impôts ; Robert Peel en avait dit autant à propos de l'*income tax* et cet impôt ne peut disparaître.

Vous ne voulez pas prendre de mesures *radicales*, dites-vous, M. le Ministre, et vous établissez un réseau de voies et d'aiguilles, de ponts et de tunnels, dont le but semble tout simplement de nous faire arriver dans le pays du *régime protectionniste*, système dangereux, parce que *le tarif peut forcer le fabricant de s'adresser à d'autres lieux de production, pour les matières premières, de changer ses procédés de fabrication, de modifier toutes ses combinaisons et quelquefois même de retirer complètement ses capitaux d'une industrie.... s'il le peut.*

*
* *

Supposez-vous, M. le Ministre, que de telles mesures puissent être prises sans mûres réflexions ?

« Espérons, dit un journal de Bordeaux, que M. Pouyer-
» Quertier, ministre, ne voudra pas, en empêchant toute
» discussion, encourir bien plus sérieusement le reproche de
» précipitation que le même M. Pouyer-Quertier, député,
» adressait, après un an d'enquête, au ministre qui a signé
» les traités de 1860. »

Nous demandons la discussion et la lumière, parce que la
la vérité de notre cause la fera triompher.

Si le droit de protestation est naturel, les mesures qui le
provoquent sont souvent odieuses.

Entendez-vous, M. le Ministre, tout ce que l'on dit du vote
du 8 juillet courant ?

Je suis certain que de nombreuses réclamations vous ont
été adressées. De quoi se plaint-on pourtant, dans certain
commerce ou dans certains petits ménages ?

Le droit sur les poivres était de 50 et 60 francs ; — il est
porté à 200 et à 240 fr... le quadruple !

La canelle payait 30 francs, elle est tarifiée à 200 francs ;
soit plus de 650 p. 0/0 en plus.

L'huile de Pétrole payait 3 et 5 francs ; aujourd'hui elle
paiera 32 et 37 francs. Pourquoi ne pas interdire son impor-
tation ? C'est peut-être une protection accordée aux mines de
houille (déjà épargnées) puisque nous serons tous forcés de
nous faire éclairer au gaz, quand la lumière abondante et à
bon marché donnait à l'ouvrier un bien-être facile en égayant
ses courtes veillées.

Quant au sucre, au café... M. le Ministre, écoutez, écoutez,
écoutez !.... et relisez ces mots de votre exposé, 4me alinéa :

« Or, notre conviction profonde est que tout ce qui peut aug-
» menter le prix de revient de la vie, doit être impitoyablement
» écarté de l'ensemble des mesures auxquelles nous devons
» recourir pour combler nos déficits et remplir nos engagements. »

*
* *

Vous pensez, avec raison, M. le Ministre, que je ne défends
pas la chicorée, le poivre, la canelle et le pétrole ; ces mots
sont pour moi des jalons qui me guident sur le terrain de vos
idées et sur celui de vos projets déjà mis à exécution.

Je vous supplie de considérer les conséquences qui peuvent
résulter d'un état de choses contre lequel, de tous les coins
de la France, il s'élève des protestations qui disent nos inquié-
tudes et qui vous crient :

« Adressez-vous loyalement aux commerçants, aux indus-
» triels, M. le Ministre ; montrez-leur qu'ils doivent, à cause
» de l'aisance relative de leur position, contribuer, plus que

» d'autres, à relever la France de ses lourdes charges. Tous
» obéiront joyeusement, car débarrassés de leurs cruels soucis,
» ils pourront de suite se remettre à leurs travaux. L'avenir
» est devant eux !... »

Une question grosse d'orage se présente au bout de ma plume, mais je la repousse, parce que je n'en finirais pas et surtout parce que je veux rester seulement sur le terrain commun du commerce général ; cette question est celle des matières brutes.

Je me contenterai de dire qu'une mesure destinée à *combler nos déficits et à remplir nos engagements* de Français ne devrait pas faire que tout ce qui est laine, soie, lin ou chanvre se lamente, pendant que le coton se réjouit et vote des remercîments. Où est donc la *contribution de guerre, l'impôt direct individuel ?* Je ne vois que le triomphe d'un système, triomphe d'autant plus assuré que l'Alsace est arrachée à la France et que Rouen devient la reine des fabriques de coton.

Non, je ne traiterai pas cette question ; je ne me sens pas assez de calme pour cela ; je ferai simplement passer un petit tableau sous vos yeux, M. le Ministre, et il suffira à montrer que si le gouvernement prétend trouver 190 millions à l'entrée des matières brutes, il se trompe étrangement.

Importations des matières brutes.

En 1855 (le chiffre le plus élevé) est de 118,003,660 fr.
» 1856 et 1857 le produit descend à 116,000,000 »
» 1858 d° descend encore à 109,000,000 »
» 1859 d° remonte à 111,000,000 »
» 1860 d° tombe à 77,000,000 »
» 1866 après les traités, il est de 66,636,831 »

La diminution du revenu, après l'abolition de l'impôt sur les matières brutes, est de 52 millions maximum. Espère-t-on trouver aujourd'hui 190 millions ?

Cela n'est pas sérieux.

Un exemple :

La loi du 18 avril 1857 sur les douanes dit : « Coton en laine, des entrepôts, par navires français et par terre, 25 fr. les 100 K°ˢ (le prix du coton était de 200 fr. les 100 K°ˢ, en moyenne).

En 1859, le produit des douanes, pour la valeur totale des cotons importés est de 153,700,000 fr. et le résultat moyen de

12 et 13 p. %. Si la nouvelle loi élève le droit de 12 à 20 % de la valeur, les 52 millions dont j'ai parlé plus haut ne pourront figurer aujourd'hui que pour un chiffre de 87,000,000 fr.

Où trouver, M. le Ministre, les 190 millions prévus par votre projet de loi ?

Je sais qu'on objectera qu'il y a d'autres matières à imposer que le coton ; c'est très-vrai, mais il y a un abîme de cent millions à combler et il est essentiel de se rappeler qu'en 1856 les importations de la laine

donnaient .... 8 millions 595,072 fr.

tandis que le drawback *restituait* aux

exportants de lainage............ 9 millions 379,777 fr.

Mais, vous écriez-vous, nous n'accorderons pas de drawback ! nous frapperons les produits, à l'entrée, d'un droit fixe. Ce serait une déplorable erreur au point de vue de la prospérité de la France.

« Il est bien certain que, par des droits de 2 p. % sur les
» textiles et de 10 à 20 p. % sur les matières premières ser-
» vant à la teinture, aux apprêts, au graissage, etc, on élevera
» de 3 à 4 p. % au moins le prix de revient du produit fabri-
» qué. Une telle cause d'infériorité nous interdit la lutte à
» l'étranger avec les produits belges, anglais, allemands, etc.,
» qu'on vendra 3 à 4 p. % moins chers que les nôtres. etc. »
—Pétition de Bordeaux.—

Je m'arrête, M. le Ministre, en vous priant de vouloir bien m'excuser du temps que je vous ai pris, et de la vivacité de mon argumentation ; mais vous voudrez bien remarquer que je ne suis qu'un commerçant, qu'il m'est impossible de m'attacher aux finesses de notre belle langue, et que le plus simple, le plus court, le plus honnête est d'aller droit au but, afin d'être compris.

Soyez persuadé, M. le Ministre, que je deviendrais le premier de vos admirateurs si, comme certains de vos partisans déclarés d'il y a deux ans, vous reveniez à des idées plus en rapport avec la prospérité commerciale et la puissance industrielle de la France.

J'ai l'honneur d'être,

Monsieur le Ministre,

Votre très humble et très dévoué serviteur,

Emile LEFÈVRE.

Sedan, 12 Juillet 1871.

Sedan.—Imprimerie de Jules LAROCHE, Grand'rue, N° 22.